DEADMAN WONDERLAND
MANGA DE JINSEI KATAOKA ET KAZUMA KONDOU

DEADMAN WONDERLAND

Volume 5

TABLE DES MATIÈRES

Manga de JINSEI KATAOKA et KAZUMA KONDOU

Book design par Tsuyoshi Kusano

UNE FEMME
AVAIT EU
UN ENFANT
D'UN CLIENT
ET L'AVAIT
ABANDONNÉ
DANS LA
MONTAGNE
APRÈS SA
NAISSANCE.

ELLE AVAIT FAIT ÇA, CAR IL LUI ÉTAIT IMPOSSIBLE DE RETOURNER DANS SON PAYS D'ORIGINE AVEC CET ENFANT.

DOUZE ANS PLUS TARD...

... QUATRE CHASSEURS D'UN VILLAGE TROUVÈRENT LES RESTES DE TROIS DE LEURS CONFRÈRES AINSI QUE CEUX DE NEUF CHIENS.

ILS AVAIENT DÛ ÊTRE VICTIMES D'UN OURS.

* ASSOCIATION DES CHASSEURS.

MAIS LORSQU'ILS ATTRAPÈRENT LA BÊTE...

...MÊME S'ILS EURENT DU MAL À LE CROIRE, ILS VIRENT QU'IL S'AGISSAIT EN FAIT D'UN ÊTRE HUMAIN.

ILS AVAIENT PAR AILLEURS DÉCOUVERT UN CHARNIER DE FEMMES DONT LES VISAGES AVAIENT ÉTÉ ÉCORCHÉS VIFS.

IL Y EN AVAIT TELLEMENT QU'ON SE SERAIT CRU DANS UNE FABRIQUE ABANDONNÉE DE MANNEQUINS.

IL FUT PARTICULIÈREMENT DIFFICILE D'ARRÊTER LE COUPABLE, CAR IL DÉFENDIT VIOLEMMENT SON TERRITOIRE.

À L'INTÉRIEUR SE TROUVAIENT DES VÊTEMENTS NOIRS QU'IL S'ÉTAIT CONFECTIONNÉS AVEC LES CHEVEUX DE CES FEMMES.

KRAK

KRAK

ET AUJOURD'HUI, CE GARS EST AVEC MOI.

17

SAT
AH!

LE COR-
BEAU...

QU'EST-
CE QU'IL
FAIT
LÀ ?

SE...
SENJI...

KOPF !!

BATAM

ALLEZ,
LES
GARS !!

...

AH...
PURÉE...

TANT PIS !
JE VAIS
DEVOIR ME
CONTENTER
DE CES
MINABLES.

VOUS
ALLEZ
NOUS LE
PAYER...

WAAAAH

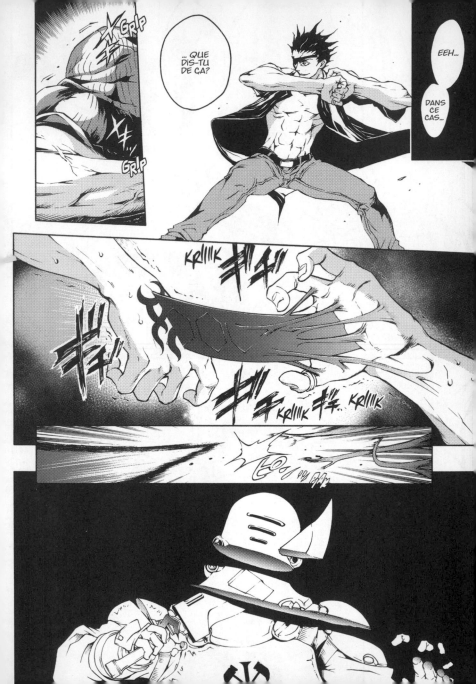

GANTA...

TU N'ES QU'UN IDIOT...

SNIF
グス

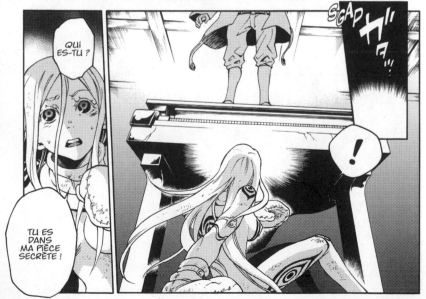

QUI ES-TU ?

TU ES DANS MA PIÈCE SECRÈTE !

SCAP
ガ
タ

!

ENFIN...

...PAS
À TOI.

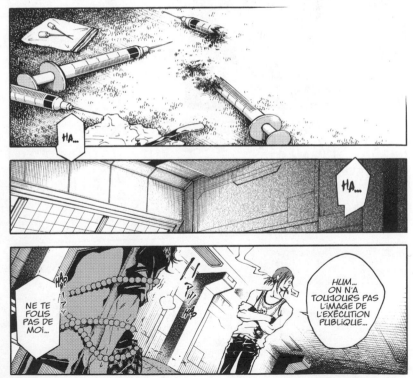

HA...

HA...

NE TE
FOUS
PAS DE
MOI...

HUM...
ON N'A
TOUJOURS PAS
L'IMAGE DE
L'EXÉCUTION
PUBLIQUE...

DEVENIR UN CROQUE-MORT...

NOUS... SCAR CHAIN NOUS METTRONS FIN À DW...

... NOUS DÉTRUIRONS CE MONDE ABSURDE...

À QUI CROIS-TU...

...T'ADRES-SER ?

JE LUI AI POURTANT INJECTÉ UNE SACRÉE DOSE...

TU AS VRAIMENT OUBLIÉ ?

... C'EST MOI QUI AI TUÉ TA FEMME.

IL Y A DEUX ANS...

TU AS UNE MÉMOIRE TRÈS SÉLECTIVE...

ET UNE SEMAINE APRÈS...

... TU ES VENU ICI.

• WELCOM E TO THE HE

* BIENVENUE EN ENFER.

26

NON.
J'ÉTAIS
ENFERMÉ
DANS LES
VESTIAIRES.
JE BAVAIS,
URINAIS ET
TREMBLAIS
D'EXCITATION.

HA...

HA...

LE VISAGE
DE TOUS CES
HYPOCRITES EN
PUTRÉFACTION
ÉTAIT BIEN PLUS
BEAU QUE
KANNON*...

HIBOU,
C'EST TOI
QUI LES A
MASSACRÉS.
TU LE SAIS,
NON ?

* NOM D'UNE DÉESSE BOUDDHIQUE.

HA...

COMMENT
AURAIS-JE
PU OUBLIER
CELA...?

MENSOOONGE...

ET NOUS, LES CROQUE-MORTS...

COMMENT NE PAS DEVENIR FOU DANS CE TROU PAUMÉ...?

C'EST TA FOLIE QUI T'A TOUT FAIT OUBLIER.

... SOMMES PRÊTS À ACCEPTER LE FOU QUE TU ES.

POURQUOI AI-JE FAIT ÇA...?

JE N'AURAIS JAMAIS CRU VIVRE ÇA AVANT D'ÊTRE INCARCÉRÉ À DW...

POUR-QUOI...?

ET LÀ, HEUREUSEMENT QUE SENJI EST ARRIVÉ À TEMPS...

SHIRO ME PROTÉGEAIT ET...

... J'AI ÉTÉ ODIEUX AVEC ELLE.

POURQUOI SUIS-JE AUSSI NUL ?

C'EST
DW
QUI TE
REND
FOU.

SHLIIING

VOILÀ
LA RAISON
POUR
LAQUELLE
NOUS
DEVONS
METTRE FIN
À CE
MONDE DE
FOLIE.

... DEVIENNENT
FOUS POUR
TOUJOURS.

... SE
TAISENT
OU...

ET
C'EST
POUR
ÇA
QUE...

... LES
AUTRES
...

J'VEUX RIEN SAVOIR !

POUAH HA HA HA !

STAP HII

LE MEURTRE ET LA MÉCHANCETÉ RÈGNENT !

SEULS LES PLUS FORTS RESTENT EN VIE.

VOUS CROYEZ QUE C'EST LA FOLIE ICI, MAIS...

HEUREUSEMENT QUE L'UNION FAIT LA FORCE, CAR, SEULS, VOUS SERIEZ DÉJÀ MORTS !

LE MONDE QUE VOUS CHERCHEZ N'EXISTE PAS !

... DEHORS, C'EST DU PAREIL AU MÊME !

JE DIRAIS QUE...

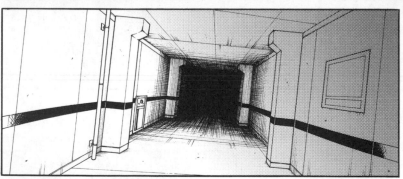

JE NE SUIS QU'UN BON À RIEN...

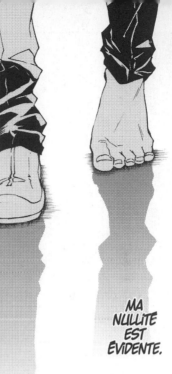

MA NULLITÉ EST ÉVIDENTE.

JUSQU'À MAINTENANT, J'AI TOUT RATÉ...

"GANTA, TU ES SI FAIBLE."

SHIRO A BIEN RAISON...

POURTANT, C'ÉTAIT MON AMIE ET J'AI DOUTÉ D'ELLE...

...QUE JE ME BATTE PLUS QUE ÇA...

IL FAUT À TOUT PRIX...

... ÊTRE FORT AU POINT DE POUVOIR ME DÉBARRASSER DE MES FAIBLESSES...!

SNIFF

SNIIIF

BUP

TU...

... PLEURES BEAUCOUP TROP, MON VIEUX.

DÉSO-LÉ...

TU AS RAISON.

ZIP.
ZI!!
ZI!!

J'ESPÈRE QUE TU ES PRÊT !

SNIFF ZI!! ZI!!

...!

TRÈS BIEN...

JE RECONNAIS QUE JE N'AURAIS JAMAIS DÛ TE LAISSER TOMBER, GANTA...

RETIENS JUSTE QUE LA LOGIQUE EST LA VOIE ROYALE QUI TE MÈNERA EN ENFER.

PRAK !!

D'ACCORD !

JE...

...

OUI...

MAIS JE NE SAIS PAS COMMENT FAIRE...

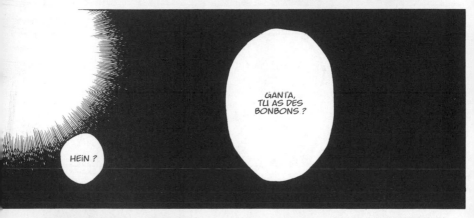

GANTA, TU AS DES BONBONS ?

HEIN ?

FLATCH

FNAP

OH !

GOP

OUI... IL FAUT EN MANGER UN TOUS LES TROIS JOURS SI ON VEUT RESTER EN VIE.

JE LES AI TOUJOURS SUR MOI.

ON LAISSE TOMBER LE SAUVETAGE DE NAGI.

NOUS NE SOMMES PAS ASSEZ FORTS.

MAIS...

SON ENFANT L'ATTEND HORS DE CETTE PRISON...

... C'EST HORRIBLE...!

... TOMBER NOTRE AMI...

C'EST VRAI, MAIS DE LÀ À LAISSER...

C'EST POUR ÇA QU'ENSEM-BLE...

LA RÉALITÉ EST BIEN DIFFÉRENTE.

CESSE DE DIRE DES GAMINERIES...

IL NE FAUT PAS OUBLIER NOTRE PREMIER OBJECTIF : DIVULGUER LE CONTENU DE CETTE CARTE MÉMOIRE POUR ANÉANTIR CETTE PRISON DE MALHEUR !

ET QUE FAIT-ON DES CROQUE-MORTS ?

ET S'ILS NOUS TROUVENT ...?

C'EST DIFFÉRENT, CETTE FOIS-CI.

VOUS AVEZ TOUS UNE COPIE DE CETTE CARTE, N'EST-CE PAS ?

GRÂCE À ROKURO, ON EST SÛRS DE S'EN SORTIR INDEMNES.

ÉTANT DONNÉ QUE NOUS NE SOMMES PAS SUFFISAMMENT NOMBREUX, NOUS ALLONS DEVOIR AGIR STRATÉGI-QUEMENT EN PRENANT CHACUN UN CHEMIN DIFFÉRENT POUR SORTIR D'ICI.

ÇA
IRA...

TRÈS
BIEN...

...

NOUS
DEVONS
NOUS
DÉFAIRE
DE NOS
CHAÎNES.

NOUS
ALLONS
NOUS BATTRE
POUR LA
LIBERTÉ EN
METTANT NOS
BLESSURES
DE CÔTÉ.

HOURRAAA !

TU CROIS QUE ÇA SUFFIRA ?

À CONDITION QU'ILS NE CROISENT PAS LE CHEMIN DES CROQUE-MORTS...

C'EST VRAI QU'ILS ONT DEUX CHANCES SUR SOIXANTE-DIX DE S'EN TIRER !

69

ON EST JUSTEMENT EN TRAIN DE S'ENTRAINER POUR BATTRE LES CROQUE-MORTS.

QU'EST-CE QUE TU VIENS DE DIRE ?

GAP ゴッ

GRIP

TOI, SURTOUT !

?!

Hein ? J'pourrais pas vous aider...!

RENTRE CHEZ TOI, SI TU VOIS CE QUE JE VEUX DIRE...

C'EST PAS PERMIS D'ÊTRE AUSSI PEU VÊTUE...

CE TISSU EST SI LÉGER... IMAGINE QU'IL Y AIT UN COUP DE VENT ! ÇA CRAINT !

TU ME GÊNES !! TU ME DÉCON-CENTRES !!

EUH...
OUI...

EN FAIT...

AH...

JE VOIS...

AIR

L'AIR OPPOSE UNE RÉSISTANCE.

EN SE DÉPLAÇANT PLUS VITE QUE LE SON, IL A CRÉÉ UNE ONDE DE CHOC.

LORSQU'UN CORPS AVANCE, IL PÉNÈTRE DANS L'AIR.

L'ÉCOULEMENT DE L'AIR EST FONCTION DE LA VITESSE À LAQUELLE SE DÉPLACE CE CORPS.

?

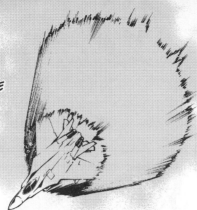

... FINIT PAR ATTEINDRE UN SEUIL DE VALEUR QUI EST À L'ORIGINE D'UNE PUISSANTE ONDE DE CHOC.

MAIS SI CE CORPS SE DÉPLACE PLUS RAPIDEMENT QUE LA VITESSE DU SON, LA RÉSISTANCE DE L'AIR EST TELLE QU'ELLE...

C'EST ÇA QU'ON APPELLE COMMUNÉMENT LE "BANG SUPER-SONIQUE".

... TE PERMETTRA DE BATTRE LES CROQUE-MORTS !

... TU PRODUIRAS UNE ONDE DE CHOC QUI...

... SI TU ARRIVES À DONNER À TES PROJECTILES UNE VITESSE SUPÉRIEURE À CELLE DU SON...

EN D'AUTRES TERMES, GANTA...

EN FAIT, IL TE SUFFIT DE FAIRE COMME SI C'ÉTAIT DE L'EAU.

NOTRE POUVOIR EST CONFINÉ DANS NOTRE SANG.

MAIS ...

... JE NE MAÎTRISE MÊME PAS ENCORE MON POUVOIR...

c'était donc ça

DE
L'EAU...

EH OUI,
DE L'EAU...

ET VU
QUE C'EST
DE L'EAU,
C'EST PLUS
FACILE À
CONTRÔLER.

UN PEU
COMME
ÇA...

SP-AAATCH

BOUAH
!!

3EDW

LAIT À LA FRAISE

MINATSUKI,
ESPÈCE
DE...!

J'AVAIS
OUBLIÉ
QU'ELLE
ÉTAIT
COMME
ÇA...

HI HI

C'EST
PLUS
CLAIR ?

J'IMAGINE BIEN QUE LA CHASSE AUX MOUCHES T'AMUSE, MAIS J'AIMERAIS QUE ÇA SE TERMINE AU PLUS VITE.

QUOI QU'IL EN SOIT...

EUH...

C'EST COMPRIS, PATRON...

... J'AI CE QUE VOUS CHERCHIEZ.

RHA...

ARGH...

HA...

HA...

C'EST LE BRUIT QUE FAIT UNE FLEUR ROUGE À SON ÉCLOSION.

...

C'EST BIENTÔT L'HEURE...

80

BOBOM

HUM...

CALME-TOI...

JE ME DEMANDE CE QU'IL FAIT DANS SA PIÈCE...

... PRIVÉE.

AH... OUI...

PK

ATTENDS-MOI, NAGI...!

C'EST MAINTENANT QUE LES CHOSES SÉRIEUSES COMMENCENT...

PK

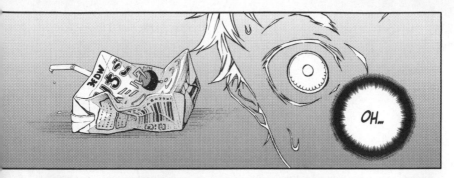

OH...

KSSSH...

LIN...
DEUX...

HELLO...
HELLO...

?!

SCAR
CHAIN
À LA
NOIX...

À PARTIR
DE LÀ, LA
DIFFUSION
EST
PAYANTE.

MAIS
RIEN NE
VOUS
EMPÊCHE
D'ESSAYER
DE LES
SALIVER.

PUP!

MA
PORTE
VOUS EST
GRANDE
OUVERTE.

STAP TAP
TAP

!

GANTA !

C'EST HORRIBLE DE LAISSER TOMBER SES AMIS...!

JE SAIS QU'ON DOIT RÉVÉLER AU GRAND JOUR LES DONNÉES DES CARTES MÉMOIRE...

MAIS SI JE DEVAIS CHOISIR ENTRE NOTRE MISSION ET MES AMIS...

ET JE SAIS AUSSI QUE JE NE SUIS PAS À LA HAUTEUR

J'AI L'IMPRESSION QU'ON A TOUS EU LA MÊME IDÉE.

HNG...

BOUH...

VOUS POURRIEZ VOUS LES TAPER PENDANT QUE JE LES DÉCOUPE.

HMPF...

NAAAN

HA HA HA ! NE ME RÉSISTE PAS !

PURÉE...

BLA...

HA HA HA !

BOUH...

CETTE NANA EST COUVERTE DE CICATRICES !

* CROQUE-MORTS.

Épisode 19 - LE JOUR OÙ IL PLUT DU SANG

HNG...?!!

VOILÀ !

ET NAGI ?

IL DOIT ÊTRE DANS CETTE PIÈCE.

MERCI, LES AMIS...

L'ÉPOQUE DES KAMI- KAZES EST FINIE, MA JOLIE.

COMMENT VAS-TU, SHIRO ?

FWAP

...?!!

C'EST QUOI, ÇA...?

NAGI ! TU ES LÀ ?

MAIS ELLE A ÉTÉ ÉVENTRÉE.

!!!

LORS DU CARNIVAL CORPSE...

IBOU

... SI JE N'AI PAS ATTAQUÉ MA FEMME...

IL N'Y A DONC AUCUNE RAISON DE CROIRE QUE NOTRE ENFANT EST ENCORE EN VIE, TU COMPRENDS ?

... C'EST PARCE QUE JE SAVAIS QU'ELLE PORTAIT NOTRE ENFANT.

J'AI ÉTÉ SI FAIBLE...

BATAAAAM

HIBOU, TU VAS DEVENIR MON TUEUR FAVORI...!

HYINK HYINK...

AAAAAAARGL

JE SUIS SOULAGÉ DE SAVOIR QUE CETTE INSPECTION À LA NOIX SE TERMINE.

POUR LE RESTE, CE QUE J'AI VU, EST ABSOLUMENT GRANDIOSE.

VZZZ ウイ

ウイン VZZZ

QUE CE SOIT EN BIEN OU EN MAL, DW EST UNE SOCIÉTÉ EN MINIATURE.

FLAP

Rapport n° 19

SHPAAAF

AOUCH...

QUE...?

...ÊTES-VOUS EN VIE...?

GUP

POUR-QUOI...

GUP

CE N'EST PAS POUR AUTANT QUE JE TE PARDONNERAI !

QUE FAIS-TU, GANTA ?

GANTA...

TU ES SI FAIBLE...

NON...

POURQUOI...?

TU N'ES QU'UN IDIOT !

NE RESTE PAS DEVANT MOI...

LAISSE-MOI PASSER !

133

MAIS...

... MÊME
S'IL N'Y A
PLUS DE
SOLEIL
DANS
TA VIE...

CEUX
QUI SONT
MORTS NE
REVIENDRONT
JAMAIS.

GANTA...

... CE QUI
TE SERT DE
LUMIÈRE
EST LÀ,
DANS CES
MURS,
NON...?

ÇA
N'EXISTE
PLUS...

... À
DW...

TU
PARLES DE
LUMIÈRE ?

?!

... LUMIÈRE
..?

MA...

J'AI
PERDU
TOUT
ESPOIR...

TU
PARLES...

MAIS...

F SHIIIN
II V...

D'OÙ
VIENT-IL...?

... CE
BRUIT...

J'AI ENCORE UNE LUEUR D'ESPOIR...

GUP

MAIS...

... IL N'EST PLUS QUESTION...

... QUE JE PERDE QUI QUE CE SOIT...

JE NE SUIS QU'UN IDIOT... J'AI COMMIS UNE ERREUR...

GAP

JE...

JE ME FICHE D'ÊTRE FAIBLE ET DE LA FOLIE QUI RÈGNE DANS CETTE PRISON...

...!!

NON,
PAS ÇA...!!

SI TU
N'ARRIVES
PAS À
PRENDRE
CE BONBON,
TU DEVRAS
DIRE ADIEU
À LA VIE.

JE...

QUAND AI-JE AVALÉ MON DERNIER
BONBON...?!

...

HE,
HIBOU !

142

PAAAF

KARA-KO...

TU ES NOTRE CHEF !

REPRENDS-TOI, NAGI !

LE BRUIT DE CE GRELOT...

... QU'IL RESTE ENCORE QUELQU'UN QUI COMPTE POUR MOI...

... ME RAPPELLE ...

J'AI...

... ENVIE DE PLEURER...!

PARDONNE-MOI.

OUI...

TAP TAP TAP

ON A MIEUX À FAIRE.

PAS QUESTION.

C'EST VRAI.

ON DOIT SORTIR DE CETTE PRISON.

DEADMAN

WONDER

LAND

DEADMAN

IL Y A DIX ANS...

... LE GRAND TREMBLEMENT DE TERRE DE TOKYO FUT CONSIDÉRÉ COMME L'ÉVÉNEMENT MAJEUR QUI CHANGEA LA VIE DE BEAUCOUP DE GENS.

LA MORT
AVAIT
FAIT SON
TRAVAIL.

IL VOULAIT JUSTE RETROUVER SON ENFANT...!!

POURQUOI ÇA ARRIVE TOUJOURS À CEUX QUI SE SACRIFIENT POUR LES AUTRES...?!

HNG...

POURQUOI ...?

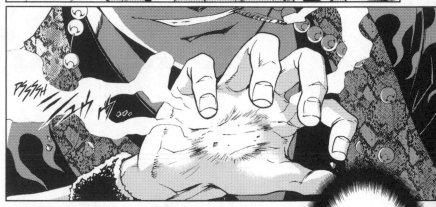

PSSSSH

HA...

CA A POURTANT FONCTIONNÉ CONTRE LEURS ARMES ET SON CHAPELET...

HA...

BIIIIP

TIC

TIC

CE N'EST PAS...

...POS-SIBLE...

ÇA N'A PAS MARCHÉ ...?!

... EST ICI ET NULLE PART AILLEURS.

QU'EST-CE QUI TE PREND, HIBOU ?

QUELLE ÉLO-QUENCE !

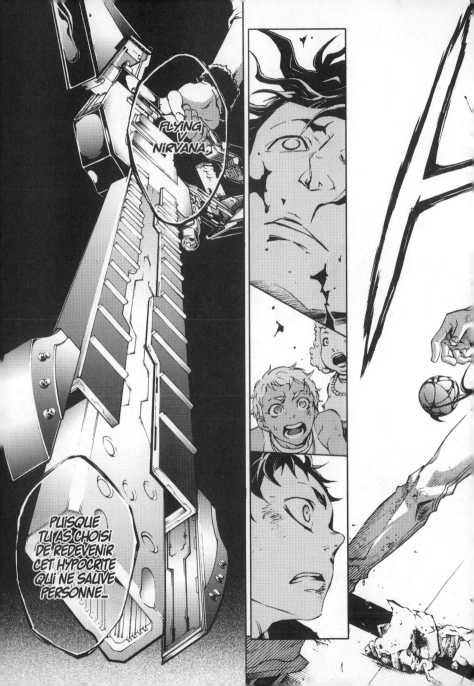

EST-CE QUE LES QUATRE SOUFFRANCES QUE SONT LA NAISSANCE, LA VIEILLESSE, LA MALADIE ET LA MORT...

... PEUVENT ÊTRE ÉVITÉES PAR L'ILLUMINATION ?

POURQUOI LE BOUDDHA...

... A-T-IL FAIT
EN SORTE QUE
LA MORT SOIT
DOULOUREUSE
ALORS QU'IL
NE L'A PAS
EXPÉRIMENTÉE
LUI-MÊME ?

OH...

À
L'AIDE
...

JE
VOIS...

HÉ,
TOI...

J'AI
MAL...

AIDE-
MOI...

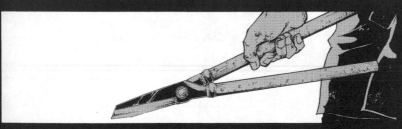

...?

EKISHIN...
GOAN...

VOUS
ÊTES EN
VIE ?

KEUF
-

KEUF
-

AH...
LE MOINE.

J'AI
COMPRIS
COMMENT
LEUR
DONNER
LE SALUT.

DES CADAVRES...?!

....?!!

BON!

FUKI-YOSHI...?!

MIYA...!!

QUE...?

CETTE STATUE...

!!

CE SONT LES MOMIES DE TOUS LES DEADMEN QUI ONT TENTÉ DE S'ÉCHAPPER.

ILS SONT MORTS EN CONTEMPLANT LE MONDE EXTÉRIEUR.

Y EN A-T-IL QUI APPARTENAIENT À VOTRE BANDE ?!

IL N'Y A PAS MIEUX COMME TOMBEAU, NON ?!

GANTA ?!

BRK

TU VAS...

HNG...

... LE PAYER...!

BRK

CES TROIS VOUS GUIDERONT À LA TOMBE !

...HA HA !

...HA...

GYAH...

... J'AI FAIT UNE PROMESSE ET...

... JE VOIS ENCORE DE L'ESPOIR...

MAIS MALGRÉ TOUT...

186

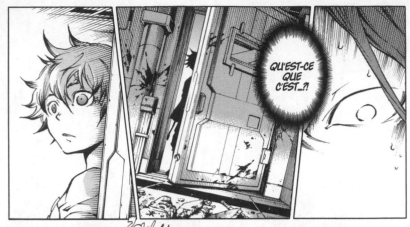

QU'EST-CE QUE C'EST...?!

J'DOIS ME CASSER DE LÀ...

ÇA CRAINT...

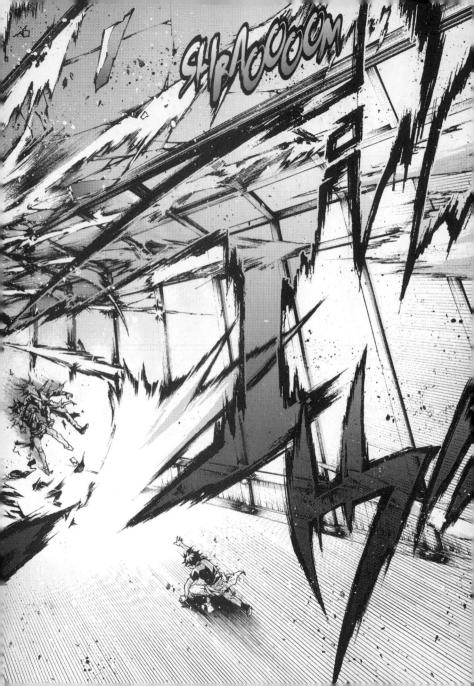

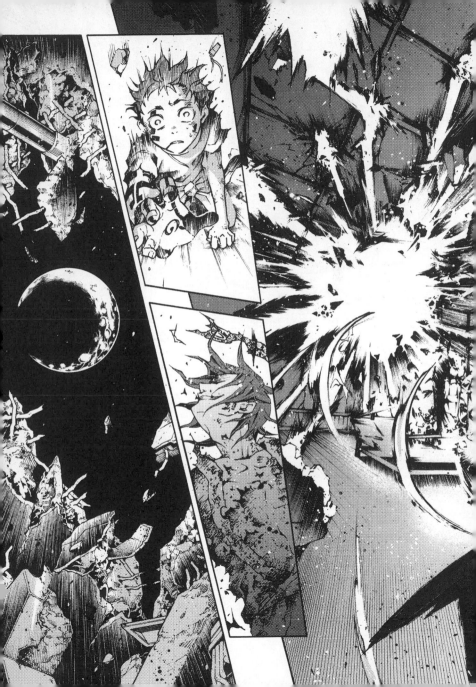

SHKRAK

C'EST PAS POSSIBLE ...

BRONK !!

NAGIII !

QUELLE ÉTAIT CETTE PUISSAN-CE...?

NOTRE CHEF...!!

J'EN SAIS RIEN...

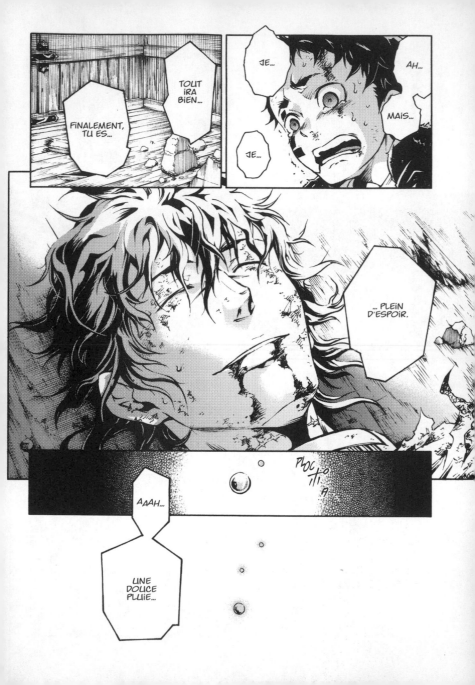

JE SUIS SÛR...

... QU'IL Y AURA UN BEL ARC-EN-CIEL...

HA...

KRSH

HA...

QU'EST-CE QU'IL M'A FAIT...?

LA PROCHAINE FOIS, IL IRA VOIR AILLEURS SI J'Y SUIS...

KRSH...

!

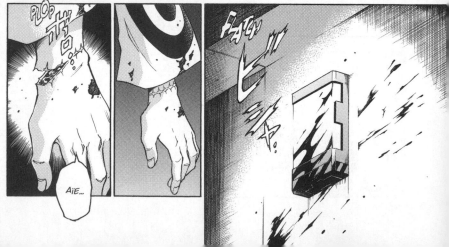

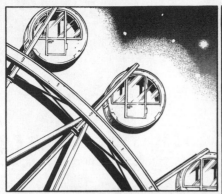

J'AI À PEINE BOUGÉ, ET ELLE SE DÉTACHE DÉJÀ...

JE SUIS ENCORE FRAGILE...

HNG...

ÇA BRILLE...

J'ESPÈRE QU'ON Y MONTERA TOUS LES DEUX UN JOUR !

ET PUIS, JE PEUX ENFIN VOIR CE TRUC BRILLANT.

OUI...

TU AS MAL QUELQUE PART ?

GANTA ?

...?

NON...

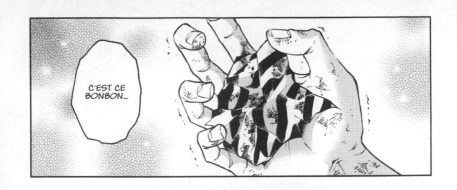

C'EST CE
BONBON...

IL EST
VRAIMENT
AMER...

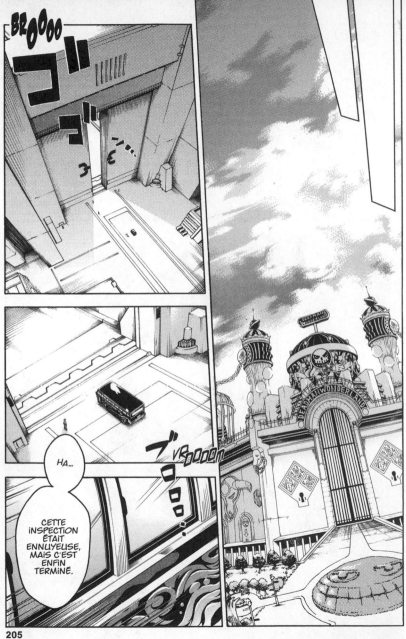

BROOOO

HA...

CETTE
INSPECTION
ÉTAIT
ENNUYEUSE,
MAIS C'EST
ENFIN
TERMINÉ.

AH BON ?

MOI, J'AI TROUVÉ L'INSPECTION DE CETTE ANNÉE PLUTÔT EXCITANTE...

APPELLE-MOI
LE N° 3733.

UN P'TIT
MASSAGE
DES
ÉPAULES,
MAKINA ?

OUI ?

HE !

À NOUS
DE JOUER...

DEADMAN WONDERLAND 5

JINSEI KATAOKA
KAZUMA KONDOU

STAFF

KARAIKO

SAITANIYA RYÛICHI

SATÔ SHINJI

TAKAHASHI AI

TSUCHIYA TARÔ

NOGUCHI TOSHIHIRO

À SUIVRE...
DANS LE VOLUME 6 !

Ce manga est publié dans son sens
de lecture originale, de droite à gauche.

Ici, vous êtes donc à la fin.

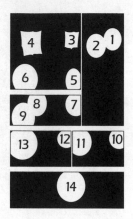

DEADMAN WONDER LAND volume 5

© Jinsei KATAOKA 2009
© Kazuma KONDOU 2009
First published in Japan in 2009 by KADOKAWA SHOTEN Co., Ltd., Tokyo.
French translation rights arranged with KADOKAWA SHOTEN Co., Ltd., Tokyo,
through TOHAN CORPORATION, Tokyo.

© KANA (DARGAUD-LOMBARD s.a.) 2011
7, avenue P-H Spaak - 1060 Bruxelles

Dépôt légal d/2011/0086/180
ISBN 978-2-5050-1087-6

Maquette : Milk Graphic Design
Traduit et adapté en français par Guillaume Abadie
Adaptation graphique : Eric Montésinos

Imprimé en Italie par LegoPrint - Lavis (Trento)